SALVATORE MARINO

IL MASCHILISTA 100% LEADER MONDIALE CONTRO IL FEMMINAZISMO DI SATANA

Youcanprint *Self-Publishing*

Titolo | Il maschilista 100% leader mondiale contro il femminazismo di Satana

Autore | Salvatore Marino

ISBN | 978-88-93068-01-7

Finito di stampare:
Settembre 2015

Youcanprint Self-Publishing
Via Roma, 73 – 73039 Tricase (LE) – Italy
www.youcanprint.it
info@youcanprint.it
Facebook: facebook.com/youcanprint.it
Twitter: twitter.com/youcanprintit

CAPITOLO VIII
BIOGRAFIA D'AUTORE
"LE MIE STORIE"

Nei vari salotti televisivi, che ho avuto il piacere di fare, i conduttori spesso si sono chiesti perché io ce l'avessi tanto con le donne! Allora ho pensato di parlarne in questo paragrafo di biografia personale, per schiarirvi le idee e farvi notare che tutto sommato mi reputo una persona "normale".

Dicesi di persona normale colui che, come prassi insegna, ora è seduttore ora è sedotto dal gentil sesso.

Bene ..., come ho già detto, il mio sangue appartiene al gruppo dei siciliani poiché è lì che ho visto i natali nel gennaio del 1962; precisamente nella città di Ragusa. Quindi, un meridionale Doc e con sangue caliente ma anche, mi si consenta, cuore caliente.

- Sono stato sempre un romantico sognatore, un adulatore della donna, ovviamente, a partire da mia madre, che adoro! Ma, ahimé, il confronto non è stato sempre positivo.

- Da piccolo giocavo, come vi ho già anticipato, al famigerato gioco del dottore e dell'ammalata all'ombra di un gigantesco albero di gelsi non lontano da casa mia in campagna. Lì mi accorsi che le gambette pulite delle compagnucce emanavano delle strane emozioni che stimolavano strani ed inesplorati sensi. Era l'aria della mia sessualità.

- Ricordo ancora oggi quelle pulsioni erotiche in fiore. E, giocando, giocando, capii che sotto le mutandine delle donne c'era, anzi, non c'era qualcosa di simile a me ma un universo diverso ed irresistibile. E, man mano che il tempo passava, quel punto di attrazione diveniva fatale e per me, sempre più, il centro dell'universo; ossia, un mondo sconosciuto da esplorare, assolutamente!

- Fui trasferito poi con la mia famiglia, in tenera età, in terra d'Abruzzo per ragioni di lavoro del mio papà, e così, vissi lì la mia età puberale, in un nuovo scenario ambientale e culturale!

- Feci nuove amicizie ed anche nuovi giochi erotici infantili: es. nascondino di notte con le ragazzine, accucciati insieme dietro i muraglioni del cortile, nel tentativo di toccare qualcosa di femminile, al gioco delle coppie ... e via dicendo!

- Iniziarono così, le scuole medie e quando avevo circa 14 anni conobbi la prima ragazza che particolarmente mi colpì.

Per ragioni di privacy ovviamente tacerò i nomi reali e tenterò di descrivervi le mie ex fidanzate con massimo riserbo in una sorta di schedario che, di volta in volta, redigevo per non disperderne mai memoria. Ovviamente, per semplificarne l'armonia del racconto e la scorrevolezza del libro vi descriverò le mie storie più significative, dato il numero discretamente elevato delle stesse, pari precisamente a 53.

SCHEDATA N.1
Regione Abruzzo
ARIANNA - ANNI 11

1. Classe I media (scuola s'intende)
2. Capelli biondo-castano
3. Forme già regolari, nonostante l'età

- Arianna ebbi modo di conoscerla tramite un mio grande amico e compagno di banco, un ragazzo napoletano simpaticissimo.
- Egli, a dire il vero, era stato un po' fidanzato con lei, cose da ragazzini, ma, data la sua proverbiale generosità di partenopeo, non disdegnai affatto di conoscerla e di corteggiare anch'io l'ormai quasi comune ragazza!
- Era il tempo delle scoperte per me ed anche per lei. Così, decidemmo di frequentarci fuori dalla scuola, io ed Arianna, che ricordo essere molto carina e femminile. Forse un po' precoce per la sua età ... ma di fatto ella già fece breccia nel mio vergine cuore!
- A dire il vero quello fu il mio primo trauma poiché, in effetti, era lei a corteggiare me e non io lei, per cui la mia teoria naturale del predatore e preda andava già a farsi friggere. Arianna, diceva al mio amico napoletano: "quando si decide Salvatore a farmi la dichiarazione?" ... Che figura ... pensavo tra me e me, mentre dolcemente cercavo di farmi coraggio per affrontare quel grosso passo che mi avrebbe promosso ad adulto maschio! - - Avevo un po' di vergogna a parlare dei miei sentimenti con lei, finché un bel giorno finalmente ebbi il coraggio, in un bar, appena usciti da scuola, le dissi che volevo fidanzarmi con lei! Ella mi rispose che voleva pensarci, e il giorno dopo Arianna mi chiese di accompagnarla a casa, a piedi. E così tra gli anfratti boscosi del percorso obbligato, Arianna si fermò di colpo, mi abbracciò e mi diede un bacio in bocca! Oddio! Esclamai tra di me, un bacio con le labbra, come i grandi!
- La salutai in fretta e scappai felicemente a casa mia, fiero come non mai di aver compiuto un passo importante della mia vita. Ci frequentammo, ci telefonammo ed i baci si ripeterono incessantemente nel breve tempo del nostro precoce fidanzamento!. Si ..., perché di lì a poco lei cominciò ad attaccarsi a me in modo soffocante ed a progettare addirittura già il nostro futuro insieme ..., da sposati!
A questo punto ... potete immaginare la mia naturale reazione ... ossia, scappai a gambe levate. Aiutooo ... lei voleva incastrarmi, perciò dovevo salvarmi la vita e così la lasciai! (Ero troppo piccolo per queste cose).
SCHEDATA N.2
Regione Friuli
MONICA - ANNI 25

1. Carattere - audace ed intraprendente
2. Capelli neri ondulati
3. Forme troppo regolari

- Io avevo 18 anni e il mio lavoro di artista mi portò ad operare presso il teatro

Verdi di Trieste in occasione delle mitiche operette. Lì conobbi questa ragazza che, allora, faceva parte del coro del teatro.

Una cantante artista! Ci si incontrava alle prove, al bar e, d'improvviso, un giorno lei mi sferra un sorriso a bruciapelo.

- Anche la dentatura, devo dire che era a posto, come il resto del corpo d'altronde, e la sua simpatia carpì la mia maschia attenzione.

- Devo premettere che ero ancora illibato, ma con un forte richiamo verso il secondo passo obbligato che un maschio deve affrontare: la prima volta completa!

- Anche questo, un po' mi impauriva poiché per me era una grossa responsabilità. Non si trattava dei soliti baci di cui ormai ero esperto, ma di cose ben più grandi e pericolose: il sesso!!

- Monica mostrava una chiara simpatia nei miei confronti e cercava in tutti i modi di attaccar bottone. Ma, un bel momento il miracolo si compì. Le diedi appuntamento il giorno dopo nella mia casetta singola, nella periferia di Trieste, fuori dagli occhi indiscreti: e lei accettò! La notte non dormii per i mille pensieri che aggredivano il mio sonno innocente. "Cosa le avrei detto" pensavo. "Cosa le avrei fatto" Ed ancor peggio: "come sarebbe andata a finire la storia, data la sua chiara esperienza nel campo e la mia ignoranza?" Boh! ... era da vedere.

- Non rimaneva che passare la notte ed attendere l'ora prefissata per il fatidico incontro!

- Giunse l'ora e suonò il campanello di casa. Era lei ... puntuale come una cambiale!

"Ciao..." le dissi "entra e accomodati in cucina", ovviamente! Ebbene ero emozionato, la belva era piombata in casa mia, pronta ad aggredirmi! "Vuoi un bicchier d'acqua?" Le domandai timidamente. E lei accettò. Un po' di silenzio e poi le dissi: "Vuoi un altro bicchier d'acqua?" E lei riaccettò! Ed ora, ero nei guai, poiché non potevo più offrirle lo stesso bicchier d'acqua, ma dovevo progredire il dialogo! Dovevo condurla in camera da letto! E così ... dopo poco le chiesi se voleva visitare tutta la mai piccola casa! E lei accettò ancora!

- Dopo il bagno e il ripostiglio, giungemmo nella famigerata camera da letto, ove, dopo un po' di imbarazzo e trepidazione, entrambi ci accomodammo sul letto! Da lì in poi, fu un disastro! Lei espertissima, io no, condusse il gioco da vera maestra ed io dovetti seguire la lezione di sesso con umiltà e avvilente passività da novellino! Che figura, pensai dentro di me; ancora una volta ero stato preda! E lei incoraggiandomi mi disse: "Dai, non ti preoccupare, vedrai che anche tu imparerai ... hai del talento!"

- Mi sembrava di essere tornato alle scuole medie, per cui ringraziai la maestra, ed anche in quell'occasione, scappai a gambe levate!

(Ero troppo ingenuo per certe esperienze).

SCHEDATA N.3
Milano
ROXY - ANNI 19

1. Capelli castani

2. Forme già regolari e un po' abbondanti
- Dovevo provare ad essere un predatore e non sempre una preda, poiché come preda avevo fallito.
- Forse non era il mio ruolo naturale.
- Dovevo io aggredire e conquistare una donna prendendo l'iniziativa. "Forse la miglior difesa è l'attacco!" pensai.
- Lavoravo alla RAI di Milano ed alloggiavo temporaneamente in un Hotel in zona Sempione.
Negli studi televisivi, conobbi una ragazza tra il pubblico del programma. Aveva l'aspetto audace, ma passivo al tempo stesso. Dissi" ecco la preda giusta per la caccia!" Le andai vicino, la conobbi e nel giro di una settimana di frequentazione nello studio la portai dritta in albergo! Passai decisamente all'attacco, e fui finalmente io a condurre quel gioco antico!
(Ricordo, cari lettori, che quello fu il primo momento in cui mi sentii un maschio al 100%).

SCHEDATA N. 4
Milano
ROBERTA - ANNI 18

1. Capelli biondi

2. Forme regolari, un po' scarnite

- Sempre in quel periodo della mia vita lavorativa, ampliai le mie conoscenze femminili e giunsi, dopo tanto patir, a dover fare i conti con una ragazza ancora vergine.
"Evviva!" Esclamai in cuor mio, l'impresa era ancora più stimolante ed appetibile per un cacciatore novello come ero io!
- Affrontai fortunatamente la tipa e con grande euforia, pian pianino, la feci mia! Che vittoria! Che soddisfazione provai quel giorno sullo sgabello di casa mia, dove consumammo il fatto!
(L'istinto del maschio cominciava a radicarsi in me più serenamente)

SCHEDATA N. 5
Straniera
PATRICIA - ANNI 26

1. Capelli neri

2. Forme e tratti orientali

3. Professione ingegnere elettronico

- Era ora di riprovare ad affrontare una donna matura e disinibita per collaudare l'ormai radicato macismo antico!

- Così conobbi Patricia, una donna straniera molto sensuale e molto intelligente, data anche la sua laurea in ingegneria elettronica! Non ero mai stato con un ingegnere ed un po' temevo l'approccio amoroso. La invitai a casa mia, come di consuetudine, e, seduti sul letto matrimoniale della nuova dimora, costei cominciò a ridere! Non capivo perché lei rideva così tanto e di continuo! Pensai: " O è scema mi prende in giro!" Ad un certo punto capii che quella poteva essere una sfida femminile, dinanzi ad un maschietto alle prime armi! Come se volesse scoraggiare il predatore ad iniziare la caccia. Ma ciò, invece, stimolò in me l'esatto contrario!
- Scoperto l'inganno, trovai la soluzione: le saltai addosso, l'agguantai come un leone inferocito e condussi io l'attacco, finché non smise di fare quella risata cretina!
- Ed a sostegno di tesi, al termine della colluttazione animale lei mi confessò pure che le era piaciuto.
(Allora dedussi che la sua era una tattica per stimolare l'aggressività del maschio).

SCHEDATA N. 32
Località Abruzzo
SANDRA - ANNI 19
1. Capelli neri, a caschetto
2. Forme eccellenti, tipo Sofia Loren

- Sandra, come vi dicevo, aveva anche lo strabismo o sguardo di Venere; sembrava una dea dell'amore, un raro esemplare di donna sensuale, ma anche affabile al dialogo amichevole!
- Una creatura deliziosa che subito colpì il mio animo romantico, oramai stufo di sole avventure da cacciatore ma desideroso di esperienze più pregnanti dal punto di vista sentimentale! Volevo innamorarmi! Fu così ed in breve tempo! Io e lei ci conoscemmo, ci frequentammo e fummo, in men che non si dica, innamorati pazzi!
(Amor che nullo amato amar perdona, mi prese del costui piacer sì forte, che, come vedi, ancor non m'abbandona!).
- Diceva Dante Alighieri, nell'Inferno, V. 103-105.
- Ma, purtroppo, in me accadde, dopo solo un anno e due mesi di fidanzamento, che il mio amor "che nullo amato", mi abbandonò; mi abbandonò, signori miei, eccome, e per andarsene a far la gioconda con altri uomini! Che fregatura, che botta, che sfiga!. Sandra dall'animo religioso e sensibile, prese il volo e si posò qua e là fra tanti, e dico tanti, fiori nel giardino dell'Eden.
- Ella, dapprima ragazza pia e religiosa, scoperto il fascino ed il potere della sua bellezza prese ad approfittarne cercando di farsi strada nel difficile mondo dello spettacolo. "Amor mio, non ti lascerò mai, tu sei l'unico uomo della mia vita", mi diceva teneramente (abbracciati) le ultime parole famose; io fui, in realtà,

l'inizio di una lunga serie della sua lunga carriera di marchett ...ing! Beh chi vuole intendere, intenda. Ella diventò a suo modo un'eroina della storia moderna, una messalina del 2000.

- "Farò di te una stella, farò di te una star", e su questa scia di promesse che tutti le facevano, l'ingenua Sandra ebbe presto un corpo tatuato più che di stelle promesse, di morsi e graffi di passioni, non troppo spiritualmente elevati!

- E così il mio dolce primo amore passò da letto in letto con una frequenza spaventosa: orge, incontri lesbo e via discorrendo e con lei svanì, ovviamente, il mio sogno per una dolce ragazza, ma tanto dolce che fece venire il diabete a tutti quelli che se la mangiarono!

SCHEDATA N. 43
Località Abruzzo
PAOLA - ANNI 21

1. Capelli neri ondulati

2. Forme regolari, aspetto dolce e viso carino

- Arrivò la volta di Paola, una ragazza decisamente meno passionale e spregiudicata di Sandra!

- Una tipa di buona famiglia, studentessa universitaria e con dei sani principi di onestà e di moralità. Speriamo bene, dissi a me stesso quando la conobbi, in occasione di un concerto musicale che avevo organizzato. Paola, fu subito disponibile all'amicizia e, pian piano, crebbe come l'edera, un tenero e pulito amore!

- Ella, al contrario della precedente, era più inibita dal punto di vista sessuale per sue varie motivazioni private, e non nascondeva un animo altresì romantico e passionale. Dialogavamo in un idillio fiabesco, in riva al mare, al chiar di luna: proprio come un film! Pensavo di aver trovato la ragazza che sapesse infondermi saggezza e tranquillità, dato che ormai il nostro rapporto sembrava essersi consolidato sul piano del dialogo, comprensione e soprattutto fiducia. Ma, ancora una volta, anche questo volo romantico, la notte di un capodanno, fu interrotto bruscamente, anche a causa dell'intrusione di un terzo elemento. Un "amico" in comune, triestino di nascita, si intromise fra noi due e cominciò a rimpinzare di bugie la povera Paola.

- Costui le diceva che io ero un bruto, un cattivo .... ed una specie di aguzzino! Insomma, egli fece alla ragazza un quadro disastroso della mia persona e, l'ingenua ragazza, prese così tutto sul serio. Morale della favola, quel brutto capodanno in discoteca, dove ci trovavamo per i miei motivi di lavoro, finì con imprecazioni, insulti e parolacce che, segnarono, come i botti tradizionali di fine anno, anche la fine del nostro intenso anche se per breve rapporto d'amore!

(E ... continua, non c'è due senza tre!).

INTERMEZZO
(NON C'E' DUE SENZA TRE)

- Dopo già due delusioni sentimentali, il mio cuore era afflitto e lacerato.

- Allora, decisi di dedicarmi non più alle donne, ma alla mia carriera artistica.

- Prima amavo l'arte della danza, poi la regia di spettacoli teatrali e televisivi in cui spesso mi cimentavo, la direzione artistica di discoteche, organizzavo eventi, feste a tema e concerti. Ma il mio sogno più grande resta quello di scrivere, creare e diventare un grande autore televisivo, teatrale e cinematografico.

- Riversai così, tutto l'amore che non potetti dare al gentil sesso, che di gentile aveva ben poco, in opere artistiche che iniziai a scrivere. Creai, molte storie, idee nuove per il teatro, commedie musicali, di prosa, soggetti, libri e sceneggiature per film, soggetti per programmi televisivi e testi di canzoni.

In tutte queste mie opere, però, c'era, ovviamente il mio pensiero ed il mio amaro in bocca, che, purtroppo, avevo dovuto provare a causa di una donna che diventava sempre più aggressiva e poco romantica!

- Mi staccai dall'immagine della donna, con un rigetto e rifiuto perentorio, quasi al punto di sfiorare un po' di misoginia.

- Le trovavo inique e mendaci, donne ingannatrici, esseri perfidi ed incoerenti. Amanti di se stesse e del proprio masochismo. Non vedevo una soluzione al problema amoroso ed al solo approccio con una ragazza, subito scattava la competizione reciproca. Più il tempo si evolveva e più riscontravo una donna arrogante, intollerante e soprattutto vendicativa. Una donna scontrosa, piena di astio ancestrale e pronta alla guerra in qualsiasi momento.

- Eppure, sapevo che l'animo femminile, parlando con donne più esperte ed anziane, fosse buono e romantico. Basti pensare alle nostre mamme, alle nostre nonne, e capire che non è assolutamente possibile non farsi un quadro di giudizio tutt'altro che negativo della donna! Si ... una donna matura che ha sofferto una cultura maschilista sbagliata, ma che con forza, amore e coraggio ella ha saputo creare dei giusti valori familiari e regole sociali importanti, basati sulla parola, sull'onore e sul rispetto!

- Regole a mio avviso eterne, che queste vere regine, hanno saputo inculcarci con dolcezza ed amore! Oggi, la donna ha perso questi valori di riferimento ed ha assunto solo "valori bollati".

- Passai così un lungo periodo di solitudine e di riflessione, ma anche di delusione e profondo scetticismo verso la donna moderna ormai troppo moderna! Ma sentivo che dovevo dare un'altra change al mio cuore, ormai indurito e freddo, così decisi di riprovare ancora ad amare!

- D'altronde non c'è due senza tre!

SCHEDATA N. 52
Regione Sicilia
IRENE - ANNI 21

1. Capelli neri lisci - occhi neri un po' a mandorla

2. Forme regolari, a tratti fini ed eleganti

3. Aspetto: misto tra mediterraneo ed orientale

- Cari lettori, e spero non solo maschi, il mio lavoro di art director, mi porta a lavorare in una bella discoteca siciliana, nell'estate del 93'. Sole, mare ed un divertente lavoro, era quello di un direttore artistico di locali da ballo e di un centro polifunzionante fornito cioè anche di ristorante, piscina, parco giochi ecc. Un complesso ideale per coniugare al meglio lavoro ed una bella vacanza estiva!

- Ma, perché no, conoscere magari tante ragazze, in cerca di una piacevole avventura amorosa, ma, possibilmente senza troppo impegno!

- Come non detto ... mi presi una sbandata numero uno per una dea incantevole siciliana.

- Occhi neri un po' orientali, dolce, bella, raffinata nei tratti somatici, elegante nei movimenti e di bianco vestita!

- Sembrava davvero un angelo caduta dal Paradiso! Me la presentarono, una sera, lì da me in discoteca, alcuni amici miei. Ed al solo "piacere Salvatore" e, "piacere Irene", mi venne un senso di giramento di testa. Un suggestivo vuoto di stupore e di ammirazione!

- Iniziammo quella stessa sera a parlare e poi altre sere, nei pomeriggi in piscina, ci frequentammo e diventammo amici! Ella, aveva crisi esistenziali, (un po' come tutte le donne d'oggi), una sorta di ansia da incomprensione: per forza pensai io, era un angelo scesa dal Paradiso!

- Signori miei, ma quale angelo e angelo, era l'ennesima suola o bufala come meglio preferite: una bella e dolce fregatura! "Noi ci ameremo sempre, amore, Salvatore, vuoi un cornettino caldo?" Altro che cornettino caldo, mi fece tanti cornettini freddi, ma molto, molto freddi, anzi ... ghiacciati!

- Venne per un anno e tre mesi a vivere con me in Abruzzo, ed a Roma, dove ho casa, ma non per mio amore, ma perché voleva fare la modella e tentare anche lei di fare successo, nella capitale! Altro che amore!

- Il sogno di tutte le belle, ... sfondare ed avere tanti soldi ... e subito, aveva contaggiato anche il mio angelo!

In fine giunsero i soliti ricatti del tipo: "Salvatore, questa sera esco sola con le mie amiche, però tu stai a casa eh ... mi raccomando! Oppure: "Amore sai chi ho rivisto? Il mio ex, tanto carino! Una pena sai, soffre tanto poverino perché l'ho lasciato bruscamente, vorrei tanto uscirci un po' e consolarlo sai, ma per amicizia s'intende!"

- Capii così che la stavo prendendo in quel posto, dove non ci batte mai il sole!

- Sentivo una evidente puzza di bruciato ed iniziai a raffreddarmi, ma anche, ad incazzarmi! Ricatti, liti, pianti, ed alla fine, finalmente lei mi mollò!

- "Evviva" dissi dentro di me, nonostante io soffrissi come una bestia; ma dovevo pur liberarmi di quel diavolo vestito da angelo! Dovevo uscire da quel tunnel maledetto!

- Allora troncai! Ed impedì a lei ogni suo tentativo di riconciliazione, si poiché il revival è un classico uso delle ragazze, che a me non piace!

- Soffrii in silenzio, e mi sfogai con i miei veri amici e, con la mia amata famiglia, fino a quando, dopo circa 2 anni, riuscì a rivedere il sole ed il benessere!

- Così ebbe fine un'altra sfigata love story d'Italy, e, ringrazio Dio di avermi aiutato a liberarmi di quella sanguisuga, ricattatrice e stronza!

- Riscoprì nuovamente il piacere di esser single. Libero da ogni ricatto e sopraffazione femminile, ed inoltre, dato che in seguito fui testimone di innumerevoli storie simili ai danni di altri uomini, romantici come me, decisi appunto di formare dapprima un club e poi un movimento di cui vi ho già parlato, un movimento maschile per la salvaguardia della dignità del maschio e la riqualificazione della sua figura!

Tante ed altre iniziative di natura culturale ebbero vita per denunciare il disagio della schiavitù di noi maschi, alle soglie del 2000!

Vivevo ormai nell'impossibilità di instaurare con la donna moderna un reale e sano rapporto d'amore, davvero paritario.

- Altre esperienze ed altre ancora, che non sto qui ad elencarvi, mi recarono un quadro generale della donna non troppo edificante! Compresi negli anni che, alla donna naturalmente piace essere conquistata, dominata e sodomizzata con animalità e predominio sessuale del maschio! Questo valeva finché negli anni novanta la donna non cominciò a cambiare radicalmente, inculcandosi un nuovo e rivoluzionario modello comportamentale rispetto al maschio!

- Come vi dicevo, un totale ribaltamento attuale dei ruoli uomo-donna che ha arrecato scompensi in tutte le sfere (dell'io femmina e dell'io maschio).

Una confusione psico-patologica e sessuale che, a mio parere, ha messo in grave pericolo l'equilibrio inviolabile tra i due poli uguali, ma opposti, che sono l'uomo e la donna di ogni tempo.

- Dicevo che fino a quegli anni il mio rapporto con le ragazze era buono, sano e di una naturale complicità dei ruoli. La donna era femmina, l'uomo era maschio; ci si piaceva con un sorriso, ci si frequentava e si godeva in due, il dolce frutto che Iddio ha donato agli esseri umani! Tutto era tranquillo! Simpatie, amori romantici, sessualità coinvolgenti, erano i regali degli anni ottanta!

CAPITOLO IX
(MASCHIO EMERGENCY)

Da quando ho iniziato questa crociata sociale e culturale per la liberazione del maschio contro l'invasione apocalittica delle mantidi religiose, (donne moderne) e contro la mattanza degli uomini da parte dei commando femminili di oggi, mi sono arrivate molte testimonianze ed adesioni verso la mia operazione di polizia, da tutta Italia! Uomini delusi dei propri rapporti fallimentari, coppie allo sbando, uomini traditi da mogli e compagne, uomini abbandonati e scaricati senza pietà, ma anche, testimonianze ed adesioni di donne che condividono il mio pensiero, poiché anche loro vittime della cattiveria femminile e della competizione spietata tra donne!

- Insomma un menù di soprusi variopinto e con tinte di ingenti danni nei confronti di maschi e di femmine, magari più sensibili, che spesso ne vengono a pagare lo scotto, in un confronto diretto con l'agguerrito esercito delle donne moderne in carriera globale! Donne pronte a tutto pur di arrivare ad un ricco guadagno, ad un successo professionale o a mettersi semplicemente in mostra in qualunque occasione.

- Secondo me, questa cultura del vincitore ad ogni costo, è il risultato di una società malata, basata sull'assenza totale di valori reali umani e fortemente condizionata dai miti proposti dai mass-media attuali! Spot, film, programmi Tv che esaltano solo canoni di bellezza universali e non, come invece dovrebbero essere, soggettivi e popolari! (individualità)

Ruoli discutibili e stereotipi di persone, di manager, di donne e di uomini che rispondono solo alle ferree regole commerciali di una società fortemente capitalista e consumistica!

- Da qui, le vittime, i deboli; coloro che automaticamente vengono ad essere catapultati fuori dal mondo e da ciò che stupidamente, oggi, viene definito "in o out" Sei un vip o uno qualunque? Uno famoso o uno sfigato? Questi sono gli assilli a cui continuamente il popolo "passivo", cioè lo "spettatore comune", viene sottoposto.

Per questo deriva il malessere collettivo somatizzato in ansie, stress psicologici, complessi di inferiorità, crisi di identità sociali ed altre forme di psico-patologie di massa.

- Ma, secondo me, alla base di tutto questo, sta anche un cattivo rapporto a due ed una insoddisfazione nel dialogo uomo-donna! Uno scompenso di ruoli e funzioni naturali che pregiudicano l'equilibrio mentale, scavando un solco di malessere emotivo, sul piano della comunicazione con se stessi, e con gli altri! Riscoprire se stessi per scoprire e capire il prossimo, sono peraltro considerazioni ormai risapute da tempo!

- Ma, stando ai fatti concreti, ed al difficile mondo contemporaneo, bisognerebbe intervenire, innanzitutto su un indirizzo ed utilizzo più educativo del mezzo televisivo ed artistico in genere, affinché si corregga il filone sconnesso della cattiva cultura collettiva e dell'insensibilità umana corrente. Rendere tutti partecipi di un disegno globale per il recupero di questo intero pianeta: umano, animale ed ambientale.

(La società umana va risanata a partire dalla famiglia e dal nucleo della coppia uomo-donna).

CAPITOLO X
(TESTIMONI DI UN DISAGIO)

In questo capitolo, cari lettori, vi parlerò di alcune delle tante lettere di testimonianza e di adesione di maschi, ma anche di femmine, che mi sono arrivate da tutta Italia.

Lettera n. 1
Caro Salvatore,
mi chiamo Harry, ho 19 anni e ti scrivo da Genova. Ti ho visto in TV e volevo dirti che ti appoggio e voglio far parte attivamente del tuo movimento "After Maschio". Trovo che sia un movimento necessario per i tempi che corrono, purtroppo a scapito di noi uomini, sempre più asserviti alle tipe montate e stronze che incontriamo continuamente. Se la tirano troppo e dobbiamo fermarle, con giusta determinazione!
Proprio con la forza, con cui tu hai espresso chiaramente e coraggiosamente, questo discorso contro le donne aggressive di oggi. Sei stato grande a non abbassarti alle loro provocazioni rozze ed al loro infimo livello di donnacce ... peggio di sicuro di quelle di strada!
Volevo testimoniare il mio pensiero, circa il fatto che le tipe, oggi, prima dicono di odiare gli uomini che pensano solo "a quella cosa" e poi, invece, se tu sei un romanticone sensibile e vuoi fare una storia seria, ti deridono, ti usano per i regalini e poi te lo mettono in quel posto!
Io sono stufo, ricordati che sono pronto a muovermi per la nostra causa sociale contro le stronze. Ciao.

Harry, 80'
Genova

Lettera n. 2

Ciao Salvatore,

ormai sei un mito televisivo, hai le p....e, mi chiamo Paolo, e sono incazzato con le donne stupide!

Si sentono tutte "fighette", "top model" e, invece, sono attratte solo dalle belle macchine e da chi regala loro vestiti firmati.

Ho confuso il concetto di ragazza per bene e di ragazza da marciapiede! La sera nella mia città, in Ancona, lungo un viale, osservo le cosiddette lucciole e spesso noto, che sono davvero eleganti, femminili e simpatiche. Ho un dubbio grosso! Chi sono le ragazza più serie?

Chiamami, voglio iscrivermi al tuo club.

Paolo
Ancona

Lettera n. 3

Caro maschio 100%,

ti ho seguito nelle tue performance televisive ed ho deciso di contattarti, per darti la mia totale adesione.

Mi chiamo Massimo, ho 30 anni e sono architetto. Questo è un brutto periodo per me, perché, purtroppo, mi ha lasciato la mia fidanzata dopo 3 anni di enfasi amorosa, prima del matrimonio che già progettavamo.

Questa brava ragazza, devi sapere, una volta conobbe un cugino industriale, emigrato in Canada per far fortuna. Insomma, dopo poco tempo, mi ha mollato ed è scappata con lui in Canada.

Adesso, ho saputo che si stanno per sposare! Capisci come sto e come mi sento? Dammi qualche consiglio, tu che ormai conosci tanti casi analoghi e la spietatezza femminile moderna. Come mi devo comportare, sono disperato! Ti ho dato ragione su tutti i fronti al programma "Tempi moderni" su Italia 1. Hai, perfettamente ragione, le donne, oggi, sono irrecuperabili, bisogna combattere e ....! Non esistono più le grandi donne di una volta!

Ciao, aiutami.

Massimo
Siracusa

Lettera n. 4

Caro leader Salvatore,

ti ho visto al "Costanzo show", sei stato grande e non hai colto le provocazioni della modella del Tirolo e della Cannata! Bravo, noi uomini siamo molto più civili e non violenti delle donne, spesse volte. Esse sono cattive, superbe e spietate. Sono Fabio ed approvo in pieno il tuo movimento e anch'io come penso anche tu, ho avuto grosse batoste dalle donne e moltissime delusioni d'amore. Ho avuto un discreto numero di belle tortelline, ed appunto, le ho trovate tutte bucate! Scherzi a parte, il problema è che al di là del buco non c'era nient'altro! Teste bucate e nessuna, che voglia impegnarsi seriamente in una storia giusta. Vogliono divertirsi la sera in discoteca, al pub-time e poi via ... ti ha già dimenticato la sera successiva! Se la rincontri a passeggio in via Ceccarini a Riccione, già non ti saluta più. Che stronze, Salvatore, queste donne moderne.

14

Quindi, caro grande capo, sono a tua disposizione, chiamami e magari quando capiti a Rimini ci vediamo, così organizzeremo anche una bella serata, in discoteca: maschio 100%, una festa per i diritti dei maschi italiani.
Ciao

Fabio
Rimini

Lettera n. 5
Ciao Salvatore,
sei er più, mi chiamo Saverio, ho 33 anni, gli anni di Cristo e come Cristo sto in croce perché da poco sono separato. Ormai mi sono rassegnato all'idea di aver perso mia moglie, ma la cosa peggiore è che me so giocato anche mia figlia, Fabiola di 3 anni.
La povera pischella vive con la madre ed io non la riesco a vedere quasi mai, devo fare i salti mortali per vedere mia figlia! Ma siamo impazziti? Quella esagerata della mia ex moglie, me la sta mettendo contro ed ho il terrore che da grande la mia bimba mi possa odiare. Ho paura!
Dammi una mano, parlane in Tv, se puoi. Il mio è un dramma grosso, noi maschi ormai non contiamo più nulla. Contano solo i diritti delle donne e delle madri. E i padri? Non contano? Li buttiamo via? So che mia moglie se la fa con un altro che porta regolarmente a casa, chissà cosa faranno davanti alla mia bambina!
Aiutami! Te voio bene, sei grande, sei er più ... difendici da queste assassine!
Bye, bye,

Saverio
Roma

Lettera n. 6
Caro Salvatore Marino,
ho 22 anni, mi chiamo Wanda, e pur essendo una donna, appoggio il tuo movimento "dell'After Maschio", perché ritengo che le donne, oggi, siano davvero molto "acide e cattive" verso gli uomini e verso le donne che, come me, sanno ancora essere femminili e dolci, senza per questo essere stupide, (come pensano loro) o sprovvedute! Le mie amiche si sono sempre rivelate delle traditrici, nei miei confronti, solo perché non sono cattiva come loro che prendono in giro i ragazzi, li fanno innamorare, tolgono loro i soldi e poi li gettano via! Ora ho lasciato definitivamente le amicizie femminili e preferisco avere amici maschi, perché almeno ti rispettano di più e sono più buoni e sinceri.
- Difendi anche noi donne diverse! Grazie.
Ti saluto. Contattami.

Wanda
Torino

Lettera n. 7
Ciao ....,
mi chiamo Anna, sono di Verona e lavoro come cuoca in un ristorante, ho 50 anni appena compiuti.

15

Ti ho seguito in Tv ed ho pensato di scriverti per dirti che appoggio il tuo club contro le donne moderne aggressive. Ne so qualcosa anch'io che sono donna.

Fino ad un anno fa avevo una famiglia, due figli ed un bravo marito e ci volevamo bene. Un brutto giorno, lui, mi confessò di essersi innamorato di una collega di lavoro, molto più giovane, una ragazzina.

Io gli dissi di stare attento a queste sciacquettine, che vogliono solo i tuoi soldi (mio marito è un direttore di banca), ma lui scemo, non mi ha dato retta. Ci è cascato in pieno. Adesso lui vive con quella li, e so che ha un sacco di debiti, lei gli ha mangiato tutto. Purtroppo, quella ha rovinato non solo lui, ma anche me e i miei figli, i quali non hanno accettato la separazione. Pensare che eravamo una tranquilla famigliola da film.

Vai avanti contro queste strozzine. Queste ci rovinano tutte.

Anna
Verona

Lettera n. 8

Ciao Salvo,

mi chiamo Gianluca e sono come te di Ragusa. Ti ho seguito io ed i miei amici in televisione ed anche in radio su RTL, a proposito del progetto maschio 100%, in un'intervista che hai rilasciato in diretta con la celebre Carmen Russo, che anche lei ti appoggia.

Qui, in Sicilia, molti di noi siamo con te e con le tue idee. Qui, nella terra della donna mito per eccellenza, sul piano della femminilità e dolcezza, sono arrivate le contaminazioni di una cultura femminile davvero distruttiva. Molti uomini, delusi, abbandonati come cani dalle fidanzate, bevono per dimenticare.

Salvo, sono a pezzi come tutti va. E' uno schifo! Le donne in Sicilia si sentono delle divinità greche. E' impossibile parlare con loro, se la tirano troppo. Sono troppo assurde, si devono calmare. Facciamo qualcosa dai!

Noi siamo con te ... tieni duro!

Ciao ... Salvo

Gianluca e company
Ragusa

Lettera n. 9

Mitico Marino,

sono Max di Palermo, sei un tipo giusto. Ti ho visto, attimo per attimo, in Tv e ho pensato che tu sei davvero il salvatore dei maschi italiani.

Ricordati anche di noi in Sicilia. Qui, è quasi scoppiata la moda del maschio 100% apposta per fare arrabbiare le donne. Sai ogni volta che le vogliamo fare irritare, le diciamo maschio 100% e loro si siddiano, si angustiano, (arrabbiano). Sembra che ormai l'Italia si divida in due: chi ti appoggia e chi ti critica. E' pazzesco, ma ci sono donne che ti attaccano subito, mentre alcune dicono che hai le palle, che sei bello; insomma, sei un mito! Noi, qui, abbiamo le scatole piene di corteggiare le ragazze nei locali, in discoteca, al mare, è tutto inutile. O ti presenti col Ferrari e forse avrai un po' di considerazione in più, oppure vai ai night club. E' difficile la situazione di noi maschi siculi! Se poi ti fidanzi sei fottuto.

Vogliono uscire da sole, con le amiche, gli amici, e tu a casa come un fesso. Un mio amico, dopo 17 anni di matrimonio, ha trovato la moglie a letto con un altro e si è impiccato. Assurdo, era un bravo ragazzo.
Queste pazze sono spietate! Se crepi non gliene frega niente! Bisogna fargliela pagare! Ciao, scrivimi.

Max
Palermo

Cari lettori, queste sono solo alcune delle testimonianze che sto raccogliendo da tutta Italia e ve le ho enunciate per farvi uno spaccato della realtà e del disagio maschile, ma anche femminile, a causa dell'ombra di aggressività delle nuove generazioni di donne!
Casi drammatici e disperati, fatti che poi, purtroppo, riempiono le cronache dei quotidiani, storie di solitudine, di abbandono e di disagio diffuso; di un uomo che in fondo cerca la donna e, di una donna che non vuole ammettere di cercare ed aver bisogno di un uomo. A tal proposito, chiudo questo capitolo "testimoni di un disagio" con una lettera di una ragazza che sicuramente avrete già sentito parlare per la sua storia e per la sua particolare sensibilità romantica. Una specie di Gioconda controcorrente che si dissocia a pieno dalla donna moderna aggressiva che io ed i miei sostenitori combattiamo.
Ascoltate con attenzione questo anelito di puro romanticismo femminile in via di estinzione.
Prendetelo come modello da seguire.

Lettera aperta
Dichiarazione di Barbara
Mi chiamo Barbara, ho 25 anni, adoro leggere e scrivere poesie e racconti, ma anche dipingere e disegnare: amo ogni forma di arte.
Il mio carattere è ricco di sensibilità e dolcezza, ma anche di determinazione.
Ho scritto un libro dal titolo "A:A:A: Illibato cercasi" dal sottotitolo "Cara Lilly ti scrivo".
Lilly sono io, o meglio è lo pseudonimo con il quale mi firmavo nei miei numerosi annunci. Come dite? Perché ho scelto di firmarmi con il nome di Lilly? Semplice! Perché Lilly è un nome che mi riporta alla mente virtù, come sensibilità, dolcezza, bontà eleganza e, soprattutto, innocenza e purezza (anche fisica), doti che cercavo e cerco tuttora in un ragazzo.
Credo, come donna romantica quale sono, troppo, nell'amore unico, insostituibile.
L'amore con la "A" maiuscola che dura tutta la vita e quindi, pur non essendo prevenuta verso chi la pensa diversamente, continuerò a sostenere la mia tesi romantica, d'altri tempi! Al mio famoso appello, hanno risposto in tanti, anzi tantissimi.
Ragazzi di tutte le età, dai 18 ai 40 anni circa e, buona parte di essi, dichiaravano di essere ancora "illibati".
La cosa strana, inoltre, e che può sembrare assurdo, è che il motivo principale del

17

loro essere ancora vergini è la paura, o meglio, la fobia che questi ragazzi covano nei confronti delle donne moderne.

L'intraprendenza aggressiva, la spregiudicatezza, la volgarità, la voglia sfrenata di farsi largo a tutti i costi nel mondo del lavoro, sono difetti che hanno reso le ragazze di oggi, fredde ed insensibili.

A queste donne del 2000, buona parte degli uomini ed io, diciamo: "No, non è così che si può costruire un rapporto migliore tra i sessi e, di conseguenza, ripulire il mondo dalle sue brutture".

La prima cosa di cui l'umanità ha bisogno è di pace, umiltà e rispetto, per tutto e per tutti. Allora, perché non cominciare a ristabilire una vera parità post-femminista tra i sessi?

Mi piacerebbe non essere più considerata come una delle poche donne ancora sensibili, sognatrici, non eternamente in lotta ed in contrapposizione con il maschio!

(Facciamo per sempre la pace!)

Barbara

CAPITOLO XI
LA SOLITA COPPIA

Comincio questo capitolo con la lettura di un articolo di giornale che lessi con stupore e con constatazione evidente, del disagio maschile.

("Innamorato pazzo nei guai")

(Si era innamorato follemente di una diciottenne di .... e le telefonava continuamente dicendole di volerla sposare a tutti i costi! Ma la ragazza "moderna" non solo non aveva nessuna intenzione di sposarlo, ma lo ha anche denunciato per molestie telefoniche e minacce, il quale sarà processato davanti al pretore).

- Vedete, cari lettori, con quale spirito, oggi, le donne accolgono romanticamente le galanti proposte di matrimonio che gli uomini le avanzano!

- La donna si affaccia al Duemila con una scarsa considerazione dell'amore, del dialogo di relazione a due e del concetto del matrimonio.

- Vediamo proprio una lei davvero autonoma in ogni cosa, al punto tale, infatti, da fregarsene di vivere affianco ad un maschio ... e per tutta la vita!

E' pur vero che la vita di un uomo si accorcia di gran misura se si sposa "oggi". Creperà, egli, infatti, di crepacuore, per tutto quello che dovrà sopportare dalla sua bella mogliettina.

- Meglio morire di morte naturale che per mano di una compagna! Non vi pare?

Le coppie del Duemila, le vediamo passeggiare annoiate, tristi ed insofferenti. L'unico barlume che traluca dagli occhi di lei, è, quando, a braccetto con il suo partner sponsor, ella scorge qualche bel giovanotto muscoloso ed abbronzato.

Solo, così ella si sveglia da quel torpore logoro ed ormai abituale, ma che non vede l'ora di troncare.

- Infatti, le donne, non vedono e non cercano altro che una scusa valida per mollare, quella specie di maschio appiccicoso e sdolcinato, che si trascinano per comodo ed abitudine.

- Secondo me, oggi, le coppie vivono in modo davvero triste il rapporto di convivenza.

- In giro, non faccio che osservare, il sabato sera, fidanzatini classici in cui, lui, per paura di perdere lei, se l'abbraccia forte con due mani, mentre la donna cerca in modo esplicito di divincolarsi in pubblico da quella specie di granchio che l'afferra con le sue pinze.

"Libertà le ripeterà lei a lui, continuamente; altrimenti ti lascio". "Mi hai stufato, basta, non ne posso più" Gli ribadisce lei.

- E l'uomo, buono, buono accetta e sopporta ogni cosa, anche le corna, sperando che un giorno, magari dopo sposati, le cose possano cambiare! Ed ecco, che allora, l'uomo moderno ha escogitato quello che un tempo era di uso femminile, ossia: l'incastro!

- Si ... l'uomo cerca in tutti i modi di mettere incinta la propria fidanzata, per legarla a sé, "per sempre" pensa ignaro lui! Molti uomini, infatti, oggi, mettono incinta ragazze, solo per incastrarle. Ovviamente già sapete quale sarà poi la conseguenza per un simile gesto! Un matrimonio riparatore, oppure l'aborto, poi le mitiche corna di vendetta al marito ed in fine, la separazione. Già, sempre più grave ed insopportabile questa, per il maschio, che non per la femmina. La donna, una volta troncata la storia è pronta a ricominciarne un'altra nel giro di poco tempo. Ella, ha già il sostituto.

- L'uomo ci mette molto di più per riprendersi.

- Egli piange e si dispera, trascina a fatica il ricordo e l'amarezza dell'assenza di lei, ed a volte anche con tragiche conclusioni!

- La donna, invece, rinasce come nuova dopo la separazione o ancor meglio, la morte del compagno, felice e con il bottino pieno, rimastogli da quella storia vinta: gioielli, regali e souvenir d'ogni genere.

- L'amante consolatore è in agguato, aspetta ormai da tanto la sua preda, finalmente, libera da ogni impegno.

- Ignaro, costui, però, che anche lui farà la stessa fine del precedente. Un vero disastro, lettori miei, una trappola mortale, per il maschio, dalla quale l'unico modo per uscirne vivi e non entrarci mai!

(In sintesi la coppia, oggi, è scoppiata davvero).

- Il club dei maschilisti moderni, è, innanzitutto, un movimento di pensiero, non violento, gandiano per intenderci.

- Un club che rievoca, dati i fini puramente ricreativi e culturali, i club francesi dell'ottocento. Circoli associativi a carattere nazionale, con sedi non determinate, ma scelte spontaneamente ed in qualsivoglia luogo, adatto a semplici riunioni dei membri che aderiscono al movimento "dell'after maschio".

- Un modo di incontrarsi e discutere sulla realtà dell'uomo, oggi, in rapporto alle modificate condizioni della donna moderna. Un modo bello e costruttivo per confrontare il proprio disagio affettivo, amoroso, coniugale e sessuale. Spero, io come leader di questi progetti globali, atti al recupero della dignità del maschio contemporaneo, di crescere grazie a coloro che vorranno darmi il proprio apporto e la propria adesione.

- So che sono già tanti quelli che mi appoggiano e che condividono il mio pensiero; il mio disegno prospettico per la salvaguardia del maschio, contro una sempre crescente arroganza prevaricatrice femminile moderna.

- Vorrei precisare, a scanso di equivoci, che il nostro è un movimento, come dicevo prima, non violento. Ed a tal proposito, vorrei parlarvi di una iniziativa, un po' provocatoria, com'è nel mio stile, per tutelare anche le donne, contro la violenza ed il pericolo stupri, purtroppo sempre crescente.

- Per questo, ho pensato di ideare e far realizzare da un esperto mio collaboratore Oreste Monetti, una "cintura antistupro" per le donne moderne. Vi citerò in dettaglio i dati tecnici della cintura, facendo riferimento ad un ampio servizio giornalistico e fotografico, che è stato realizzato dal noto settimanale, "Cronaca vera" nel n. 1405 dell'11 agosto 1999, a riguardo di questo argomento.

Il titolo di richiamo sulla copertina, diceva: "<u>Alle soglie del 2000, prosperosa venticinquenne se ne va a spasso con una cintura di castità, per essere certa di arrivare vergine al matrimonio!</u>"

In questo caso specifico si trattava di una ragazza, già citata in questo libro, che io ho scelto come testimonial nazionale della cintura antistupro, proprio per la sua nota verginità.

- Ciò, perché, appare più immediato che sia una ragazza vergine a temere maggiormente per la sua integrità rispetto ad una ragazza la cui verginità l'ha dimenticata nella notte dei tempi.

- E' ovvio che lo stupro non è bello per nessuna donna, ma è solo per motivi di impatto del messaggio, che ho scelto una ragazza ancora illibata!

- Ma, di verginità e castità ne parlerò nel prossimo capitolo. Dicevo, quell'articolo poi proseguiva così: "L'ingombrante aggeggio, che un tempo le donne portavano per impedire l'estremo oltraggio ha, oltre ad un semplice lucchetto, una suoneria d'allarme che entra in funzione al minimo tentativo di aggressione!

- La cintura è dotata quindi, da un circuito elettronico chiuso, collegato da una micro sirena che entra in funzione nel momento in cui si tende ad aprire l'imbracatura.

La cintura di castità con suoneria d'allarme, è realizzata in pelle semi rigida, la sua forma è quella di un normale slip ben chiuso da rinforzi a clip-metallici, ma apribile solo a comando di chi la indossa o forzando la parte abbottonata che, a sua volta, va ad interrompere il circuito chiuso ed attivare l'allarme acustico.

- Avete visto, care lettrici, che penso anche a voi? Ho trovato qualcosa per la vostra sicurezza, quando uscite sole di notte, in zone poche raccomandabili della città o del paesotto isolato finanche in discoteca.

- Sotto le vostre vertiginose minigonne indossate una bella cintura di castità antistupro e starete più tranquille.

- Come vedete, vi vogliamo bene noi del club dei maschi moderni, e non vogliamo che vi accada nulla di sgradevole.

- E in quanto a voi maschietti, ho da raccomandarvi di non fare stronzate; chiaro! Se proprio madre natura vi impone certi impellenti bisogni fisiologici e sessuali, ricordatevi che ci sono sempre, degli sfoghi di emergenza, civili e non violenti s'intende. E, poi, c'è da ben sperare che forse un giorno ... riapriranno le salutari case chiuse.

- Si dice che, ai giorni nostri, la verginità è un fenomeno quasi estinto. Eppure vi dico che, personalmente, sono venuto a conoscenza del fatto che in Italia gli illibati sono molti di più di quanto non si pensi.

- Il fatto è che si chiacchiera tanto, si parla troppo e si pratica poco sesso e quel poco, lo si fa male e con le persone sbagliate e pericolose.

- Io, come maschio, ho trovato molte vergini nella mia vita, e grazie a delle particolari testimonianze, vi sono anche molti vergini maschietti! Oggi, come un tempo, la verginità viene vista pari ad un tabù, una vergogna dalla quale liberarsi al più presto!

- Sia l'uomo che la donna, sopportano male l'idea di essere ancora illibati!

- Secondo me, questo è un grosso errore; la verginità non dovrebbe essere una vergogna né un vanto, bensì una scelta libera della propria vita sessuale.

- Nel caso di noi maschi, io ed il mio movimento maschilista moderno, propongo l'astinenza per protesta contro le donne. Una sorta di voto di castità, fino a quando le donne non impareranno a rispettarci e ad essere più buone, dolci e femminili!

- A proposito di dolcezza e femminilità vi racconto un episodio che mi ha fatto riflettere e che spero faccia riflettere anche voi!

- Una sera io e due mie amiche "vergini" fummo invitati da un signore ad un night club per assistere ad alcuni spettacoli "erotici". Una serata straordinaria, signori, all'insegna dell'arte vera e dell'eleganza!

- Le ballerine, cosiddette "entraineuse" si esibivano nude, dinanzi a noi, con dolcezza e classe, al punto che le loro nudità non risultavano affatto volgari, ma infondevano molta tenerezza. Brave artiste e ballerine che ritmavano movenze di una sensualità galante e femminilità angelicata, apparivano ai nostri occhi!

- Persino le mie due amiche e collaboratrici restarono colpite da tanta classe e femminilità, al punto che loro stesse dissero "queste ragazze sono meglio di tante nostre connazionali montate, che sono più volgari di loro".

- Alla fine dei loro show, esse si inchinarono verso di noi, e ringraziarono la platea di maschi, assetati, poi in fondo più che di sesso, di dolcezza e comprensione umana.

- Un luogo tutt'altro che di perdizione, avevamo davanti, quel night club, ma un ritrovo di solitudine e di bisogno d'affetto.

(Purezza e verginità hanno più valore se sono accompagnate anche dalla pulizia del cuore).

CAPITOLO XIV
S.O.S MASCHIO

- E' un errore, uno scempio ciò che sta accadendo ai maschi oggi, a causa delle continue provocazioni femminili. Pensate, l'ultima tra queste è l'uomo mammo: ossia la possibilità di impiantare un embrione nel grembo di un uomo e caricarlo successivamente di una tempesta ormonale femminile.
- Io personalmente sono indignato dinanzi a questo abominio biologico e vorrei davvero polemizzare a spada tratta, contro la vera causa di questa follia scientifica che altro non è, che una donna frustrata ed in continua equiparazione ridicola con l'uomo.
- Ciò rischia di diventare una cultura devastante, che distruggerà ulteriormente l'equilibrio uomo-donna e quindi la famiglia del 2000!
- E' un presagio apocalittico di un futuro buio e di una donna che esplicitamente respinge l'uomo e la sua figura naturale, all'interno della coppia.
- L'uomo deve prendere coscienza di tale pericolo una volta per tutte e reagire, per far fronte a quella che potrebbe essere la catastrofe del terzo millennio.
- La quarta guerra mondiale; la guerra tra i sessi, ormai già iniziata!
- S.o.s. maschio, vuole essere un appello pubblico, un grido disperato di una specie che rischia l'estinzione. Vogliamo sensibilizzare i mass-media, il mondo della cultura e della politica, la chiesa, affinché tutti prendano coscienza del disagio del maschio alle soglie del nuovo secolo!
Dobbiamo, infine, prevenire l'olocausto del maschio ad opera dell'esercito femminile che avanza contro l'uomo, oscurando il futuro dell'intera umanità.
 Per cui vi dico dateci voce!
(Arriverà un tempo in cui la donna ripudierà l'uomo. Dal libro dell'apocalisse).

CAPITOLO XV
GUIDA PRATICA PER L'AUTODIFESA E I 10 COMANDAMENTI
DELL'AFTER MASCHIO

L'After Maschio, un movimento quindi culturale non a scopo di lucro, che ha per oggetto la difesa dei diritti del maschio italiano ed i conseguenti riflessi della sua dignità nonché della posizione all'interno di una società, velatamente ibrida, ma sostanzialmente a contenuto fortemente femminile.

- La riqualificazione della figura maschile e l'importanza della sua soggettività, saranno gli scopi perseguiti da questa idea attraverso riunioni, incontri e dibattiti e come già accennato, attraverso anche un talk show televisivo che vede una testimonial d'eccezione: la nota e brava show girl; "Carmen Russo". Carmen, da sempre, sexy simbol nazionale ed internazionale, si è dichiarata favorevole al progetto maschio 100% per ritrovare una giusta identità del maschio, ma anche di una donna moderna troppo poco femminile e dolce!

- Carmen Russo, che io ringrazio pubblicamente, ha appoggiato questo mio movimento di pensiero e si è detta disposta a condurre tale eventuale talk show televisivo, con l'apporto della sua nota personalità sensuale e romantica e con la sua prorompente immagine di dolce femminilità.

- Insomma, le provocazioni dello strapotere sessuale e sociale delle donne d'oggi, hanno i giorni contati, il movimento, infatti, fornirà, inoltre, ai suoi associati, un'assistenza legale per le controversie attinenti alle problematiche connesse al suo scopo essenziale e molti utili consigli.

- Difatti, ho preparato per voi maschi lettori, un prontuario di nozioni, una guida pratica per come difendersi dalle donne moderne: un vademecum sintetizzato in 10 regole o "comandamenti":

1. regola:
Non avrai altro Dio, all'infuori di quello vero; per cui non divinizzare la tua donna moderna, tanto, prima o poi, come Giuda ella ti tradirà;

2. regola:
Non nominare il nome di dio invano, ed evita anche di dire spesso "Ti amo" alla tua ragazza altrimenti si monta la testa e poi sono guai per te. Quindi taci!

3. regola:
Nel ricordarti di santificare le feste, ricordati di non fare regali costosi alla tua donna: sono soldi buttati

4. regola:
Onora tua madre e tuo padre, ma stai attento a non farti disonorare dalla tua ragazza.

5. regola:
Non uccidere, neppure la donna che ti ha tradito, finiresti all'inferno e pure in

carcere! Quindi sii sempre non violento, scappa prima che sia troppo tardi.

6. regola:
Non commettere atti impuri, ma se proprio vuoi peccare, allora usa la tua donna, prima che lo faccia qualcun altro!

7. regola:
In amore non rubare, ma non farti derubare da lei!

8. regola
Non mentire alla tua ragazza, perché lei lo fa meglio di te. Ci rimetteresti tu!

9. regola:
Non desiderare la donna d'altri, tanto se vuole è lei che desidera te. Basta capirlo!

10. regola:
Non desiderare la roba d'altri, tanto quella è destinata o allo Stato o alle donne.

Ma, cari lettori e lettrici, vi ricordo, infine, un consiglio saggio, una regola unisex che vale per tutti. Un buon auspicio con il quale chiuderò questo capitolo. Dal Vangelo di Giovanni, capitolo15 "Vi do un comandamento nuovo", dice il Signore: "che vi amiate gli uni e gli altri, come io vi ho amato".
(Quindi pace).

CONSIDERAZIONI FINALI DELL'AUTORE

- Vi ho esposto, cari lettori, in questo libro ed in questi variopinti capitoli, uno squarcio di società attuale, un back ground culturale sul quale si muove il difficile rapporto uomo-donna, oggi.
- Vi ho illustrato il lato della condizione del maschio in cui si trova, il forte disagio di noi uomini anche se non lo ammettiamo.
- Vi ho parlato del muro di omertà e di viltà che spesso il maschio preferisce come scudo, ma solamente per conquistarsi la stima agli occhi di una donna che lo intimidisce, incutendogli il terrore e la minaccia dell'isolamento; dell'embargo totale del suo essere femmina!
- Un ricatto sporco, che corre sul filo del rasoio e che le donne, oggi, sferrano ad un maschio rammollito e pietistico.
- Cari lettori, con il mio personaggio, mi sono esposto ad un'arena di belve inferocite e con coraggio e determinazione ho detto la sacrosanta verità! Una verità scomoda, per chi la dice e per chi la riceve, nella consapevolezza della propria malafede.
- Una occulta intesa femminile sotterranea, sta minacciando il buon senso ed il rapporto paritario che dovrebbe esserci tra i due sessi, ma che di fatto non c'è!
- Un uomo soggiogato ed asservito ai piedi di una donna padrona, aguzzina e spietata, vittima questa, a sua volta, di un ripugnante senso di rigetto verso il proprio essere femmina ed altresì verso il suo ruolo naturale congenito di cui è perfettamente consapevole! Una donna che rinnega se stessa, in sintesi con astio e vergogna! Una forma patologica di non accettazione della propria sessualità e del proprio simbolo di preda e di madre!
- Un richiamo atavico che la donna non vuole più ascoltare, come a voler dimenticare la fame e la sete: l'istinto primordiale! Una femmina impazzita, quindi, ed un maschio inerme, indefinito e schiavo dell'ira della propria compagna.
- Una violenza psicologica consumata ai danni dell'uomo, tra la penombra, o spesso pubblicamente senza pudori.
- Ho voluto dire basta a tutto questo, ho voluto denunziare questo disagio maschile andando contro corrente. Tuttora, nonostante la gente stia imparando a conoscermi e ad accettarmi, spesso, capita nei ristoranti, nei luoghi pubblici, che avverto dei sentimenti diffusi di repulsione, da parte delle donne moderne, ma anche, di paura, verso il mio pensiero!
- Esse, sanno che, come tute le rivoluzioni di pensiero, l'implicazione della loro reale malafede, potrebbe davvero innescare, in un prossimo futuro, un focolaio pericoloso di risentimento maschile.
- Le donne sanno che la mia opinione non è mera follia, uscita da una personale delusione d'amore, come vorrebbero far credere per sminuirne la consistenza, ma il tentativo di estrinsecare una pericolosa testimonianza sociale.
- E come nei servizi segreti, nei nuclei massonici, nelle cosche mafiose, ai vertici del potere mondiale; anche nell'universo femminile si sta delineando spontaneamente, un senso comune di rivalsa e quindi, un disegno collettivo di guerra.

- E, allora, maschietti, vogliamo stare a guardare questo conflitto finale oppure reagire? Vi ricordo che ora siamo noi le vittime… Attenzione!

- Vogliamo nasconderci ancora dietro l'illusione e la non considerazione di tale ingente problema?

- Ormai la famiglia, in Occidente, non esiste più, l'amore è solo l'apostrofo rosa dei coglioni maschi, che si fanno svuotare le tasche ed il cuore dalle proprie compagne di vita.

- E' il caso di continuare a vedere nella donna moderna, l'angelo custode? Leggete le cronache dei giornali e sappiate che prima o poi, andando di questo passo ci finirete anche voi, con una bella foto di riconoscimento.

- Beh! Cosa aggiungere ancora, se il futuro del maschio è quello di divenire un oggetto di consumo a piacimento di una donna armata di tanta rabbia, se il destino di noi uomini è quello di vivere un futuro da schiavi e sopportare le angherie del "gentil sesso", allora, cari amici, voi fate pure come credete, io non ci sto!

- La mia dignità non sarà mai calpestata da nessuna donna, e personalmente muoverò una battaglia civile, come già sto facendo, per fermare una possibile apocalisse del sistema. Chi mi appoggia, mi segua, ed insieme muoveremo le montagne, e magari, chissà, anche il ghiaccio delle nostre perdute vestali!

- Diversamente per noi, il futuro sarà molto nero! Io in questo libro, Maschio 100% vi ho avvisati, o almeno ci ho provato. Altrimenti un giorno non venitemi a piangere quando subirete, come è ormai di prassi comune, torti gravi e ricordatevi che le donne, oggi, non sono buone e umane come quelle di ieri! Queste sono pericolose, molto cattive, acide e spietate e vogliono solo la nostra sconfitta per dissetare la propria satanica vendetta! Questo sentimento di odio è oggi l'orgasmo femminile.

- Maschi; oggi, siete solo cavie di tortura per i loro sadici esperimenti!

- Scordatevi i tempi andati e guardate il futuro, si con l'amarezza del fatto che la vera donna oggi non c'è più, ma anche con la speranza che forse un giorno, dopo lunghe battaglie civili, quella donna giusta potrà tornare ad abbracciarci con la sua biblica dolcezza. Una dolcezza nuova e paritaria, in un rapporto rinnovato ed armonico tra lui e lei, che avanzano, ora distanti verso il terzo millennio, ma con l'augurio che alla fine Eva tornerà vicina al suo Adamo per vivere e godere il sacro frutto dell'amore eterno.

Salvatore Marino